SCHREIBEN DURCH BEFREIUNG, BESTÄTIGUNG, POSITIVE ENERGIEN

10 Fotos Gerd Steinkoenig ☺ Mit Location, Sammlungsauswahl, Himmel aus dem Fenster! Man hätte das immer so fotografieren sollen... Ein bisschen schon von der letzten KL-Location und der letzte Tag im Elternhaus Schwedelbach, und ein bisschen Schwedelbach-Garten um 1990. Aber nix von Monnem, Schifferstadt, Enkenbach, KL 1970-1972, Mutterstadt in Großvater-Location aus den 70ern/80ern etc. Ach ja, nochmal KL in einer anderen KL-Location mit A.P... Wow, das wäre eine Superdoku gewesen, auch durch die Zeitgeister (Möbeln, Mode, Frisuren, Autos etc). Allerdings: damals war es wertvoll mit Fotos - nur 32 Fotos, warten, und viel Geld... Heute kann man ja gleich 300 Fotos machen pro Tag... Wenn ich mit 78, 82, 91 in die next Lifedimension gehe: wem interessiert es über meine CDs, meine eigenen Books, meine Bücher, Videos, DVDs, Hefte, Vinyl-Singles und und... In einer another generation: stinklangweilige Musik über diese Pink Floyd, lustige MusiCasetten, alterstümlicher Schrott, kann man fortschmeißen... Oder doch, das irgendeiner/eine zB die CDs-History sammelt... C P Gerd Steinkoenig 22. April 2024, PS: es gibt - als Nachwehen - doch nochmal mein letztes, letztes, letztes Buch mit dem Titel SCHREIBEN DURCH BEFREIUNG, BESTÄTIGUNG, POSITIVE ENERGIEN

67 45 33
MINT
ÜBER 100 LP-KRITIKEN
MAGAZIN FÜR VINYL-KULTUR
SINGLES!
SIDE A
45 RPM
STEREO
Eine Liebeserklärung zum 75. Geburtstag
Cooltech: Platten aus der Tiefkühltruhe
Brian Griffin: Der Fotograf, der Depeche Mode ein Image gab
Sex Pistols: Ein Fan über seine Sammelsucht
Body And Soul: Der Vinyl-Guide zum Meisterwerk von Joe Jackson

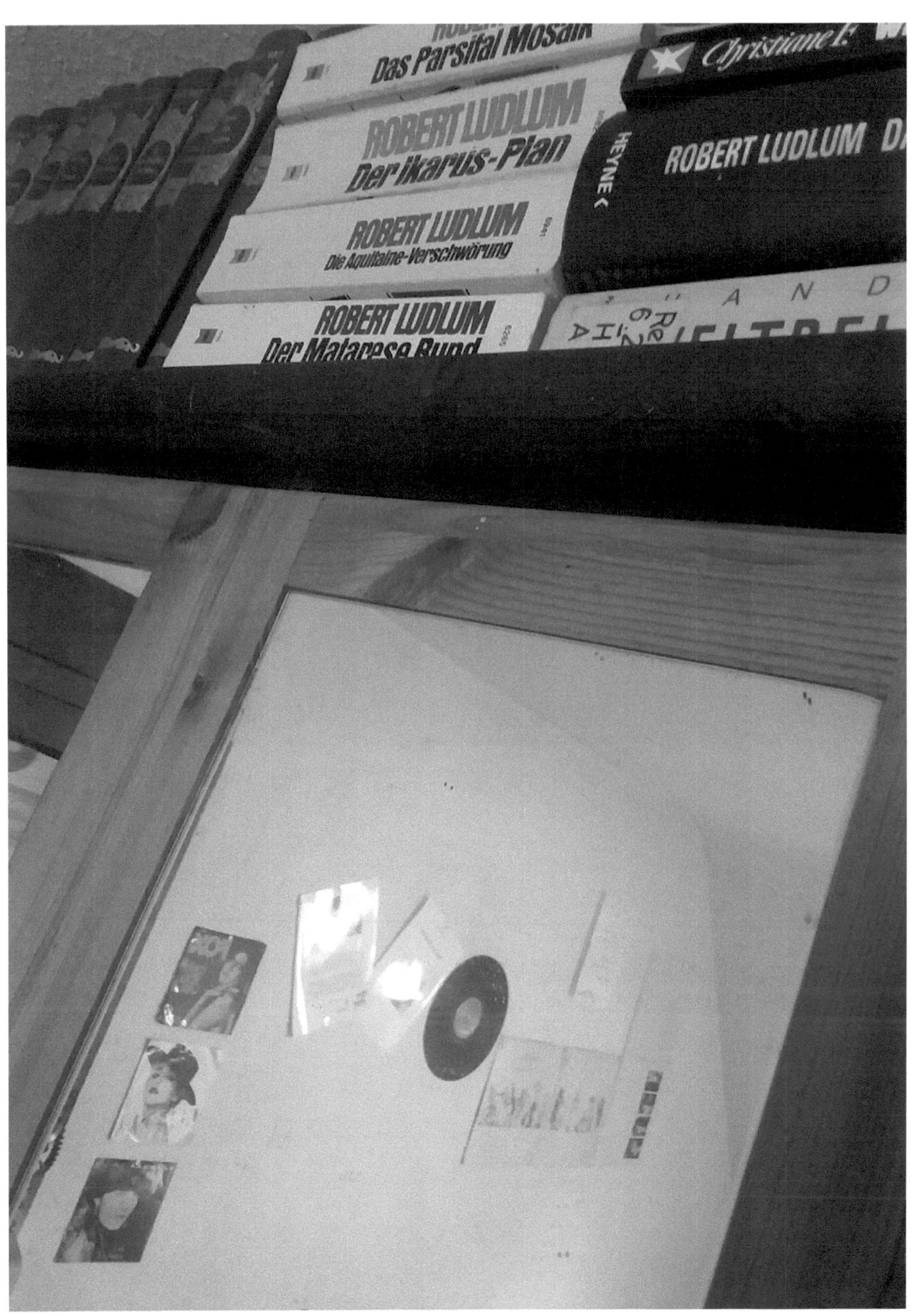
Das Parsifal Mosaik
Christiane F.
ROBERT LUDLUM
Der Ikarus-Plan
HEYNE
ROBERT LUDLUM
ROBERT LUDLUM
Die Aquitaine-Verschwörung
ROBERT LUDLUM
Der Matarese Bund

1000 ULTIMATIVE CHARTHITS
ROCK
Ein ultimatives Buch
Das Gesamtwerk der größten Rock-Acts im Check: alle Alben
PINK FLOYD
JIMI HENDRIX
ALICE COOPER
MARILLION
GENESIS
THE ROLLING STONES
YES
CAN
JETHRO TULL
LED ZEPPELIN
KING CRIMSON
KRAFTWERK
MANFRED MANN

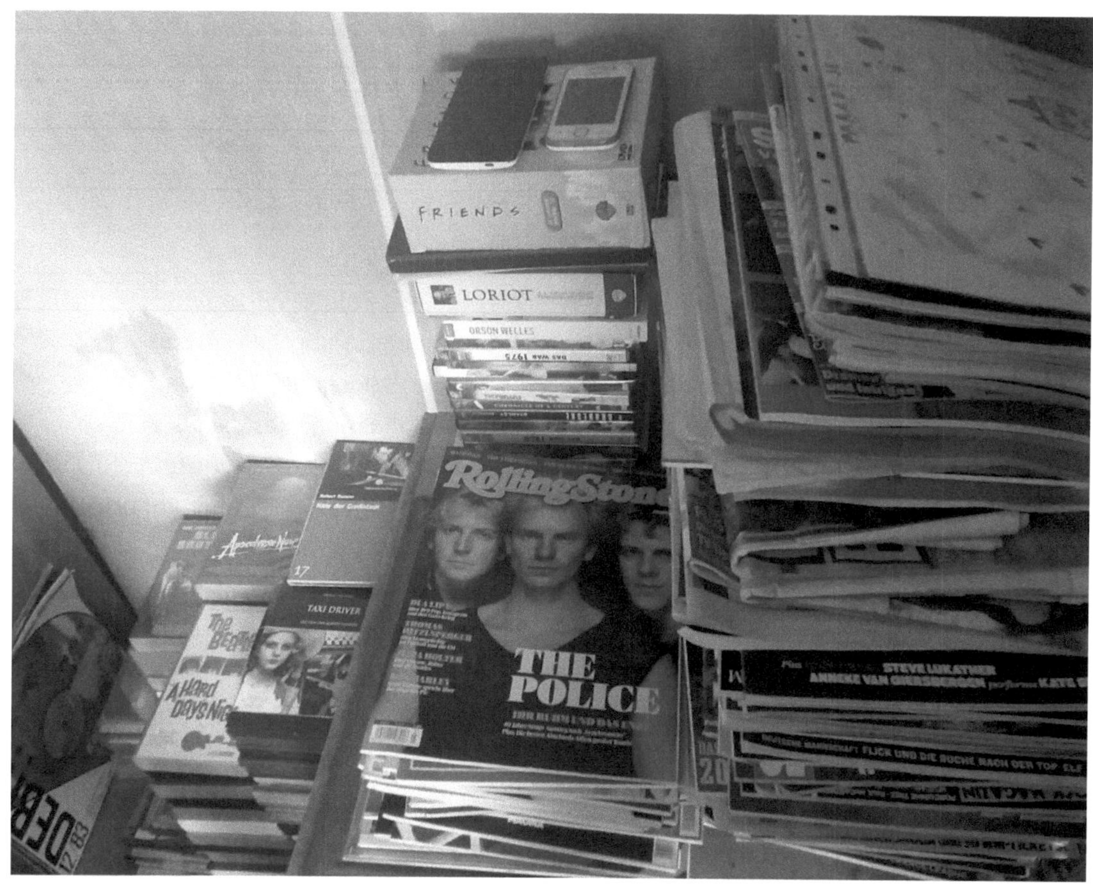

HIMMEL...

...Sonne, Wolken... Der Himmel ist immer da! Ob in Annweiler am Trifels, New York City, Mumbai, Lagos, Buenos Aires, London, Peking oder Landau in der Pfalz oder Helgoland oder Hawaii... Die Menschen sind immer und natürlich verschieden, vom Himmel auf Deutschland, Indien oder Nigeria oder Ukraine oder auf die USA sieht die Sonne und der Mond alles, über Krieg, Frieden, Liebe, Hxxx, Human Nature mit Hoffnung oder Scheuklappen. Die Mentalität der Menschen ist millionenfach. Alle 20 km ist eine andere Mentalität. Traditionen, Heimat, Nahrung, Ideologien, Religionen, Instinkte ist immer anders. Labskaus in Hamburg, Saumagen in der Pfalz, Sushi in Japan... Die Bedeutung einer Ideologie und Religionen sind immer andere Faktoren: USA - Mittlerer Westen, USA - New York City, Deutschland, Saudi-Arabien, Iran, Israel, Palästina, Russland, Ukraine, Nordkorea, Südkorea, Frankreich, Italien... Der Himmel, die Sonne, der Mond und Gott, wacht und beobachtet über die Menschen! Gott weiß über die Propagandas, Wandel (plus oder minus), Meinungsdiktatur, Wxxx, Machtmissbrauch... Und doch weiß Gott immer wieder über Liebe und Vertrauen und Harmonie!

C P 21. April 2024 Gerd Steinkoenig Gerd's Katze Molly hat ihre eigene Seite

MENSCHEN mit Liebe, Hxxx, Frieden, Krieg, Verschwörungen, Politik, Wirtschaft,
Wissenschaft, Kultur, Bildung, Sport, Freizeit, Jobs, Gesundheit, Sicherheit, Arbeit,
Arbeitslosigkeit, Urlaub, Reisen, Wellness, Medizin, Musik, Philosophie, Momentums,
Weltgemeinschaften, Bücher, Multimedia, Internet, TV, Lebenssinn, Zeitoasen, Zeitgeister,
Tiere, Natur, Bäume, Pflanzen, Zeitensammler, Nahrung, Wasser, Obst, Gemüse, Tofu, Fisch,
Fleisch, Metropolen, Ideologien, Propaganda, Literatur, Theater, Gott, Teufel, Ahnung,
Vorahnung, Ahnungslosigkeit, Intelligenz, Dummheit, Denken, Gefühl, Vertrauen,
Verständnis, Motivation, Kraft, Stärke, Mut, Geduld, Erfolg, Ausdauer, Spaß, Ernst,
Kreativität, Freude, Verstand, Disziplin, Neugier, Hoffnung, Horizonte, Hilfe, Gier,
Gerechtigkeit, Ungerechtigkeit, Unterstützung, Missbrauch, Recht, Unrecht, Gewalt, Mord,
Verbrechen, Egoismus, Rücksichtslosigkeit, Gleichgültigkeit, Glauben, Macht, Machtkampf,
Überleben, Überzeugung, Überwachung, Kontrolle, Schutz, Schutzengel, Umwelt, Körper,
Geist, Seele, Sonne, Himmel, Hölle, Schwarzes Loch, Universum, Verstand, Kampf,
Selbstvertrauen, Wille, Eigenleben, Eigenschaft, Kampfgeist, Energie, Energie-Vampire,
Ernährung, Verhalten, Vernunft, Unvernunft, Unsicherheit, Angst, Souveränität, Schmerz,
Sorgen, Trauer, Tränen, Treue, Untreue, Herz, Atem, Hektik, Stress, Ruhe, positive
Fortschritte, Entwicklungen, Tipps, Informationen, Ideen, Erfahrungen, Anregungen, Kritik,
Lob, Fragen, Antworten, Kommentare, Meinungen, Sex, Trieb, Trost, Massenmörder,
Diktatoren, Demokratien, Freiheit, Freundschaft, Lebensdimensionen, Tod, Mutter, Vater,
Verwandten, Kinder, Freund:innen, Kolleg:innen, Drogen, Rausch, Zeitflucht, Zeitdruck,
Reinheit, Gelassenheit, Probleme, Ying & Yang, Buddha, Religion, Kunst, Vergangenheit,
Gegenwart, Zukunft, Zusammenarbeit, Zufriedenheit, Zuverlässigkeit, Gestaltung,
Geschichte, Geschäfte, Medien, Presse, positive Energien, Emphatie, Erholung,
Entspannung, Vergnügen, Verbohrtheit, Sturheit, Starrsinn, Klarheit, Rassismus, Tiermord,
Umweltzerstörung, Umweltschutz, Klimakatastrophe, Flüchtlinge, Tote, Finanzen, Logistik,
Lebensdauer, Leistungen, Lebensfreude, Lebenspläne, Lebensziele, Rechte & Pflichten,
Respekt, Respektlos, Knigge, Unhöflichkeit, Beratung, Studium, Beruf, Hobby, Verrat,
Bedürfnisse, Geltungsbedürfnis, Menschen in allen Varianten mit Hitler bis Trump, von JFK
bis Goethe, von Jesus bis Lessing, von Stalin bis Mao, von Nelson Mandela bis Martin Luther
King, von Mutter Theresa bis Eva Braun, von Ulrike Meinhof bis Michelle Obama, von MM
bis BB bis DD, von Alice Weidel bis Sarah Wagenknecht, alles ist möglich auf dieser
Raumschiff-Menschen-Erde (mit nur einigen Worten über die Menschen).

C P 20. April 2024 (II) Gerd Steinkoenig Gerd's Katze Molly hat ihre eigene Seite

Ich darf / durfte es erleben!!

Gegenwart ist Momentum-Erleben

Vergangenheit ist ich-durfte-es-erleben

Zukunft ist Fragezeichen/ Vorahnungen

Gegenwart ist positives Denken für meine Zukunft

Vergangenheit ist Erinnerungen, Erlebnisse

Zukunft ist was-könnte-wird-sollte-sein

Gegenwart ist Lebenskampf für meine Lebensfreude

Vergangenheit ist Erfahrungen, Musik, Philosophie

Gegenwart ist Pläne, Ziele, Lösungen

Vergangenheit lernen für meine Gegenwart zur Zukunft

Gegenwart und Zukunft ist positives, reines Leben

Vergangenheit ist unnötige Lebenskrise aus den 1990ern

Gegenwart und Zukunft ist unsterbliche Seele

Vergangenheit ist oberflächlicher Geist und Körper

Mein Leben leben in allen Varianten

Mein Leben in 64 Jahren ist Heaven & Hell

Vergangenheit ist bis 2017 (Hell)

Gegenwart und Zukunft ist ab 2017 (Heaven)

Vergangenheit ist Katzemäädsche Molly

Freundinnen und Freunde, Großvater

Genesis, Pink Floyd, The Beatles, The Police

Die Globetrotter-Tour 1986 in Westeuropa

Meine Jobs & Städte von Monnem bis 70erKL

Natürlich auch Heaven

Vergangenheit ist aber eben oft Hell

Mit Eltern, Kameradenschweinen, Jobs, Freundinnen

1993 bis 1997 ist totale Scheiße, The Hell

Mein Schlaganfall? Wegen den 00er Jahren

Und wegen 2014 - September 2017

Nun aber LEBE ich mit positiven, reinen Energien

Und ich habe neugierige Zukunft

Wie/Wann/Wo weiß ich nicht - ist ja Leben

Am Besten ich-darf-es-leben mit realen Träumen

Mit Paris/Louvre, "ewig" nach Österreich leben

Oder "ewig" nach Schleswig-Holstein leben

Und ein Heimspiel im Liverpool FC-Stadion

You'll Never Walk Alone

C P 20. April 2024 Gerd Steinkoenig

Gerd's Katze Molly hat ihre eigene Seite

Zig-Klassen-Gesellschaft!

Arm oder reich

ARD/ZDF/Pro 7/SAT1 oder Streaming-Dienste

Sky und/oder DAZN und/oder Netflix...

Weniger Zähne, weil keine Zahnzusatzversicherung

Weniger Gesundernährung, weil es zu teuer ist

Weniger Gemeinschaft, weil zu viel Egoismus

Dank Internet kann man günstig/kostenlos viel machen

Durch social Networks, BoD-Verlag, amazon Prime

Tatsächlich hab ich sogar 2 x Streaming

Aber: amazon Prime nur der Grundbetrag und mit

Bestell-Service durch meine Bücher etc

Magenta-TV ist nur da - als Nachfolge von entertain

Ich bin Old School - trotz Modern Times, durch

Facebook, Instagram, YouTube, amazon, BoD...

Zig Klassen-Gesellschaft? Jaaa!!

Wegwerfware Musik durch Streaming-Song-Lists

Früher war Musik-Kunstwerk durch Vinyl-LPs

Mit The Beatles, Pink Floyd, Genesis, Yes, U 2...

Früher Schallplattenspieler, Qualitäts-Musikanlage

Heute mit Stöpsel, Handy, Streaming, Mini-CD-Player

Früher waren 2 bis 3 TV-Programme mit Straßenfeger

Jeder wusste mit Miami Vice, Dallas, Denver in den 80ern

Jeder wusste aus den 70ern mit Star Trek, Kojak, Columbo

Heute sind gefühlte 5000 Programme mit allen Genres

Dadurch kenn ich die neuen Serien kaum

Babylon Berlin, Murdoch Mysterys, ääh was war noch...

Da im Free-TV oft Serien-Wiederholungen sind (zB ewig Bones)

Die guten, neuen Serien sind bei Netflix, Sky und Co

Das kostet viel Geld (plus Zusatzkosten mit new stuff)

Ich schreib ja: Zig-Klassen-Gesellschaft...

Und Zig-Klassen-Gesellschaft mit Wohnungen, Kleidung

Ernährung, Gesundheit, Sicherheit, Sport, Freizeit und und...

Hab ich immer meine Medizin - ich brauch es jeden Tag

Hab ich als Freizeit tatsächlich einen Paris/Louvre-Trip

Aber man sollte - wie immer - gute Lebenskreativität sein

Mit Sport kostenlos im Wald laufen, Self-Gymnastik etc...

Und es ist Willkür wegen egoistischer Geldmacht

Doctor Who war bei ONE - aufeinmal Streaming (bei mir eben nix)

Vorher auch bei Sons of Anarchy (Kabel 1, SAT 1)

Ab der 4. Staffel aufeinmal nix - wegen Streaming...

Bei Tele 5 hat man Brotkrumen für die neuen Star Trek-Serien

Das billige Volk darf Star Trek - Discovery gucken...

C P 18. April 2024 Gerd Steinkoenig

Musikgeschichte im neuen MINT Magazin (Deutsche Vinyl-Bibel)! Schwerpunkt: 75 Jahre Singles! Beschreibung mit diversen Singles von Genesis, Beatles, Elvis etc... Weitere Themen von Can, Sun Ra, AC/DC etc. Und: Body And Soul von Joe Jackson von 1984! Ich hatte mal die LP, in meinen scheiß 90ern sind diverse LPs untergegangen - Body And Soul leider auch... So ein geniales Album, dh ich erinnere mich, wie oft und gerne ich diese Platte hörte, aber ich muss mich selbst erinnern bei Youtube was eigentlich war, lach... Ich hatte (durfte!) so viele Platten hören in vielen Genres. Zugegeben: das Album ist momentan unter dem Radar, aber ich muss zu YouTube, hahaha... Und bei den Singles: da ist schon ein bisschen Melancholie, ich hab noch Vinyl-Singles (mehr oder weniger, mit Michelle/Girl von den Beatles, God Save The Queen von den Sex Pistols, Action von Sweet, Angie/Rolling Stones und und), aber in den 70ern, zT 80ern war das ganz was anderes. Beim Wertheim war eine Musikabteilung mit den Singles (damals 1976) mit einer Theke mit einem Verkäufer. Ich hatte 3 oder 4 Singles gehört über Kopfhörer kostenlos (!!!) und hatte eine Single gekauft, waren schließlich 6 DM! Die 18jährigen würden fassungslos staunen... Kein 18jähriger kennt eine Single, die Sammlerstücke, die kleine schwarze Scheibe, die kennen keine Plattenfirmen wie RCA, RAK, Apple, Odeon, Harvest, Charisma, EMI, Teldec, Ariola, K-Tel, Telefunken, Polydor, Arcade und und... Es ist eben so, Zeit ist Schall und Rauch, in 50 Jahren sind auch die CDs total unbekannt und fragen sich, was ein Musikalbum war...

C P 16. April 2024 Gerd Steinkoenig

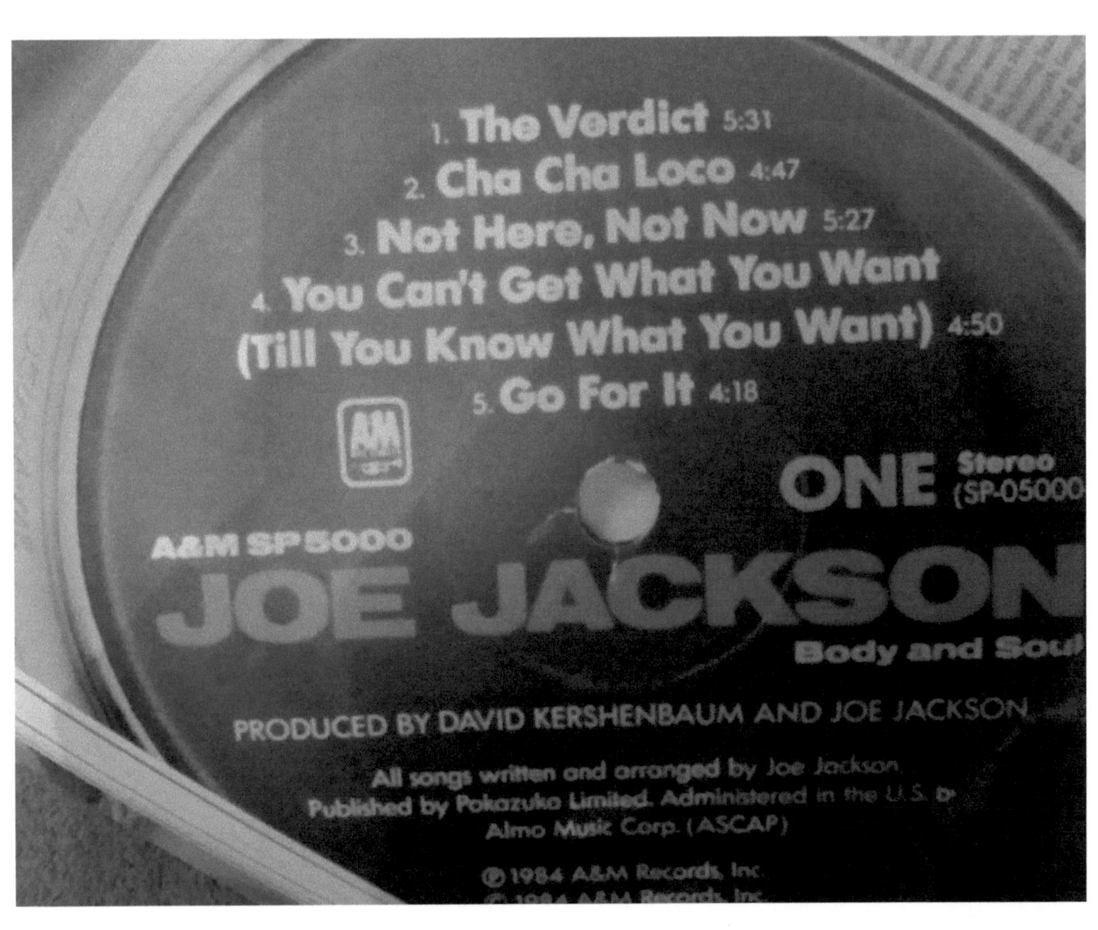

bekanntesten Stücke *Spoon* und *Vitamin C* – Suzukis „Hey you!" hört man deutlich heraus. Alternative Schnittfassungen von *Spoon* und *One More Night* (hier ebenfalls namenlos an zweiter Stelle) sind bereits che Platten auch immer es [...] Suzukis oder generell in der Live-Serie noch geben mag – sie werden sich an *Live In Paris 1973* messen lassen müssen.

MARTIN BURGER

EXPERIMENTAL ROCK

CAN LIVE IN PARIS 1973 SPOON • 19.01

2 LPs	33 rpm	160 Gramm

○ Gatefold
◉ Downloadcode
○ inkl. Album auf CD
○ Lyrics
○ Bedruckte Innenhülle
◉ Gefütterte Innenhülle
◉ Beileger/Booklet/ Poster

2018 veröffentlichen sie 19 weitere 7-Inches und sind auch mit
ihren Alben regelmäßig in den britischen Vinyl-Charts.
LISA HINZ

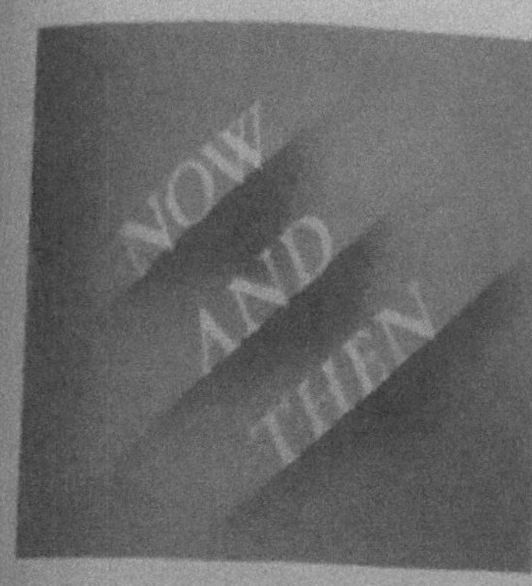

Die Veröffentlichung von *Now And Then* ist eine der größeren
Überraschungen in der Popmusik der vergangenen Jahre.
Wer hätte damit gerechnet, 2023 noch einmal eine komplett
neue Single der Beatles in den Händen zu halten? Ursprüng-
lich von John Lennon 1977 als Demo aufgenommen, bearbei-
ten Paul McCartney, Ringo Starr und Giles Martin den Song
mithilfe von KI-Technologie und stellen ihn so fertig. Bereits
1995 hat es einen Versuch gegeben, *Now And Then* zu veröffentlichen, der aber an technischen Problemen und nicht zu-
letzt den Bedenken George Harrisons scheitert. Aus dieser
Session stammen Harrisons Gitarrentracks, die nun im Song
zu hören sind. Die alleinige Existenz des fertigen Stücks –
auf der B-Seite stilvoll mit der Beatles-Debütsingle *Love Me Do*
von 1962 gepaart – ist ein Meilenstein für den umstrittenen
Einsatz von KI-Technologie in der Musik. Sie wirft Fragen
rund um Kreativität und Authentizität auf. Zugleich belegt sie
die anhaltende künstlerische Bedeutung der Beatles für die
moderne Popmusik. Auch nach ihrem nun offiziell letzten
Song bleibt die Band eine Quelle der Inspiration und Inno-
vation – wohl nicht zum letzten Mal in ihrer Geschichte.
LISA HINZ

GENESIS
Watcher Of The Skies /
Willow Farm

CHARISMA, 1973

DISCOGS-WERT DER € 124
ERSTPRESSUNG (DE) € 349

Eigentlich gehört *Watcher Of The Skies* nicht zu den gefragtesten Singles von Genesis. Die *Trespass*-Auskopplung *Looking For Someone* etwa erzielt auf Discogs um ein Vielfaches höhere Verkaufspreise. Einen besonderen Sammlerwert besitzt die einzige Single zum 1972er Album *Foxtrott* trotzdem, denn *Watcher Of The Skies* ist hier nicht mit dem gleichnamigen Song des Albums identisch. Die einzigartige Singleversion fällt mit knapp vier statt sieben Minuten deutlich kompakter aus, spart sich Tony Banks' berühmtes Intro auf dem Mellotron und mündet in ein alternatives Finale. Schon vor den Aufnahmen des zugehörigen Albums hatten sich verschiedene Versionen des Songs herausgebildet und zum festen Bestandteil von Konzerten entwickelt, nachzuhören auf der LP *Genesis Live*, die ebenfalls 1973 erscheint. Die B-Seite der *Watcher Of The Skies*-Single ist mit *Willow Farm* nicht minder prominent besetzt, es handelt sich um einen Auszug aus dem Prog-Epos *Supper's Ready*, einem der populärsten Songs aus der Peter-Gabriel-Ära. Denkbar komprimiert bietet die Single somit einen Einblick in diese kreative Hochphase der Band – die wenig mit dem gemeinsam hat, was später unter der Führung von Neu-Sänger Phil Collins folgen würde.

ANKE HÜGLER

FRÜHLING

Heute am Sonntag waren viele Familien

Denn sie sind im Paradies in

Annweiler am Trifels

Eis geschleckt, ruhen oder spielen

Am Wasser, im Bach, neben der Eisdiele

Blüten, jung-grüne Baumblätter, Sonne

Der Kreislauf des Lebens

Diesmal das erste Viertel

Dann Sommer, Blüte des Lebens

Dann Herbst, ungefähr wie ich, bin 64

Dann Winter, zur next Lifedimension

Und zur Erneuerung für den Frühling!

"Mein Straßenkätzchen" gestreichelt

Sie war versteckt zwischen den Pflanzen...

C P Gerd Steinkoenig 14. April 2024

Gerd's Katze Molly hat ihre eigene Seite

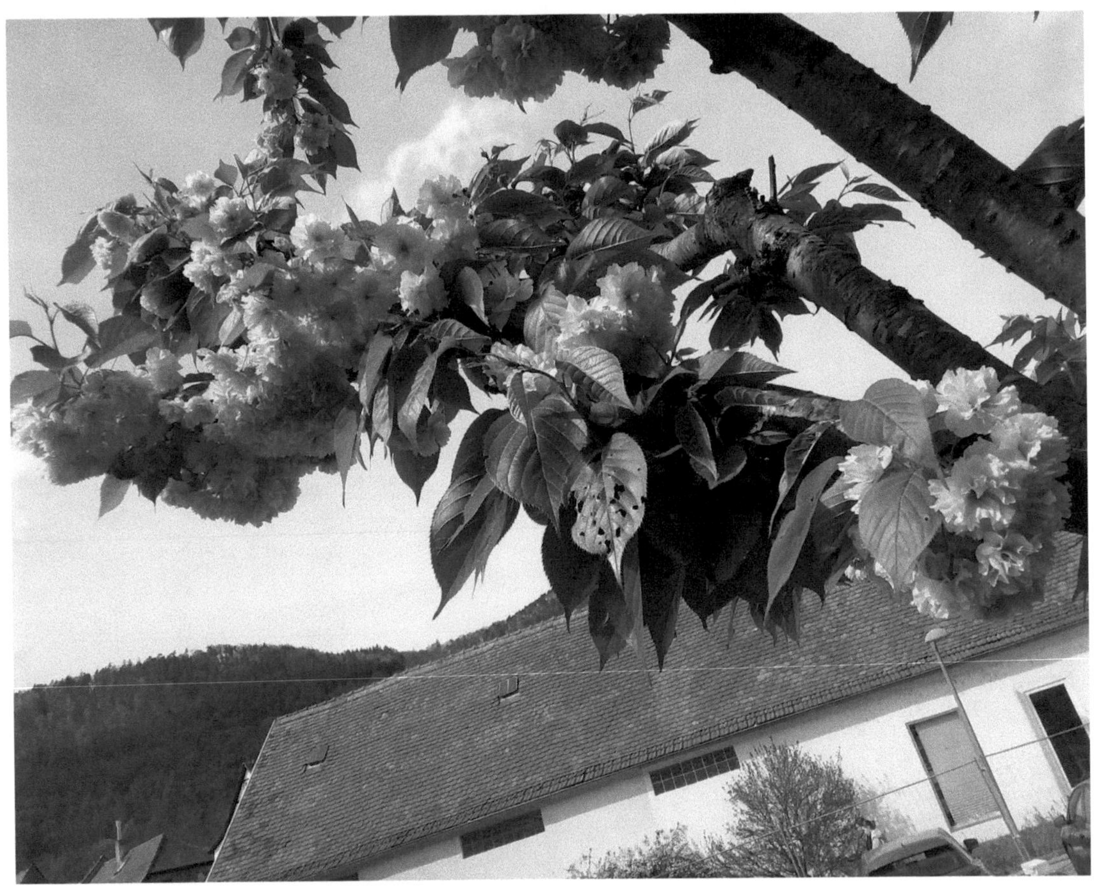

KREISLAUF

Heute am 12. April 2024 hatte ich eine tote Taube gesehen! Aus dem Küchenfenster in meinem "Institut". Ich meinte zu meinem lieben "Kaffeekocher", klingt zwar bescheuert, aber ich fotografiere die Taube, ich mach bestimmt eine dementsprechende Lyric. Jetzt schreibe ich es:

Einsam liegt die Taube. Der Körper ist nur eine Hülle. Die Augen sind starr, leblos. Die Taube ist mit ihrer Seele in die nächste Lebensdimension geflogen. Zeitgleich sind gegenüber die jungen Leute im In-Cafe. In ihren Köpfen haben sie langes Leben mit Plänen und Balzideen - wie man eben so ist, wenn man 16, 20 oder 24 ist. Gegenüber vom "Institut" - ganz in der Nähe der Taube - sind ganz im Gegenteil gelebtes Leben ca um die 60 (oder 50, oder 70), mit Momentums, Gemeinschaft, Hilfe, Individualität, Lebensnarben, Synapsenakrobatik. In den Straßen fahren Autos, die Fußgänger:innen laufen, alles mitten im Leben. Bis der Kreislauf geschlossen ist zu einer neuen Lebensdimension. Die Taube ist bestimmt starr wie ein Brett - das weiß ich von meinem Katzemäädsche Molly R.I.P. 2005-2021: sie ging über die Regenbogenbrücke in meinem Arm. Molly hatte neugierig erstaunt geguckt durch das weiße Licht - 1 Tag später kam ein Vogel vor meinem Wohnzimmerfenster, hielt fliegend an, und schaute zu mir, ob ich in Ordnung war... Der Kreislauf ist eins: die vier Jahreszeiten, die Universen, die Auferstehung etc - die Taube lebt durch ihre Seele, denn die Seelen sind unsterblich.

C P 12. April 2024 Gerd Steinkoenig Gerd's Katze Molly hat ihre eigene Seite

10 Fotos von Landau in der Pfalz (11. April 2024)

Annweiler am Trifels, 10. April 2024

- Alte Gerberei
Café Escher
Eiswerk

Gerd Steinkoenig

10. April um 20:52

.

Mit Deine Freunde geteilt

30 ISBN-Bücher von 62 ISBN-Bücher von Gerd Steinkoenig! Siehe dazugehöriges Video von facebook, YouTube (10. April 2024)!

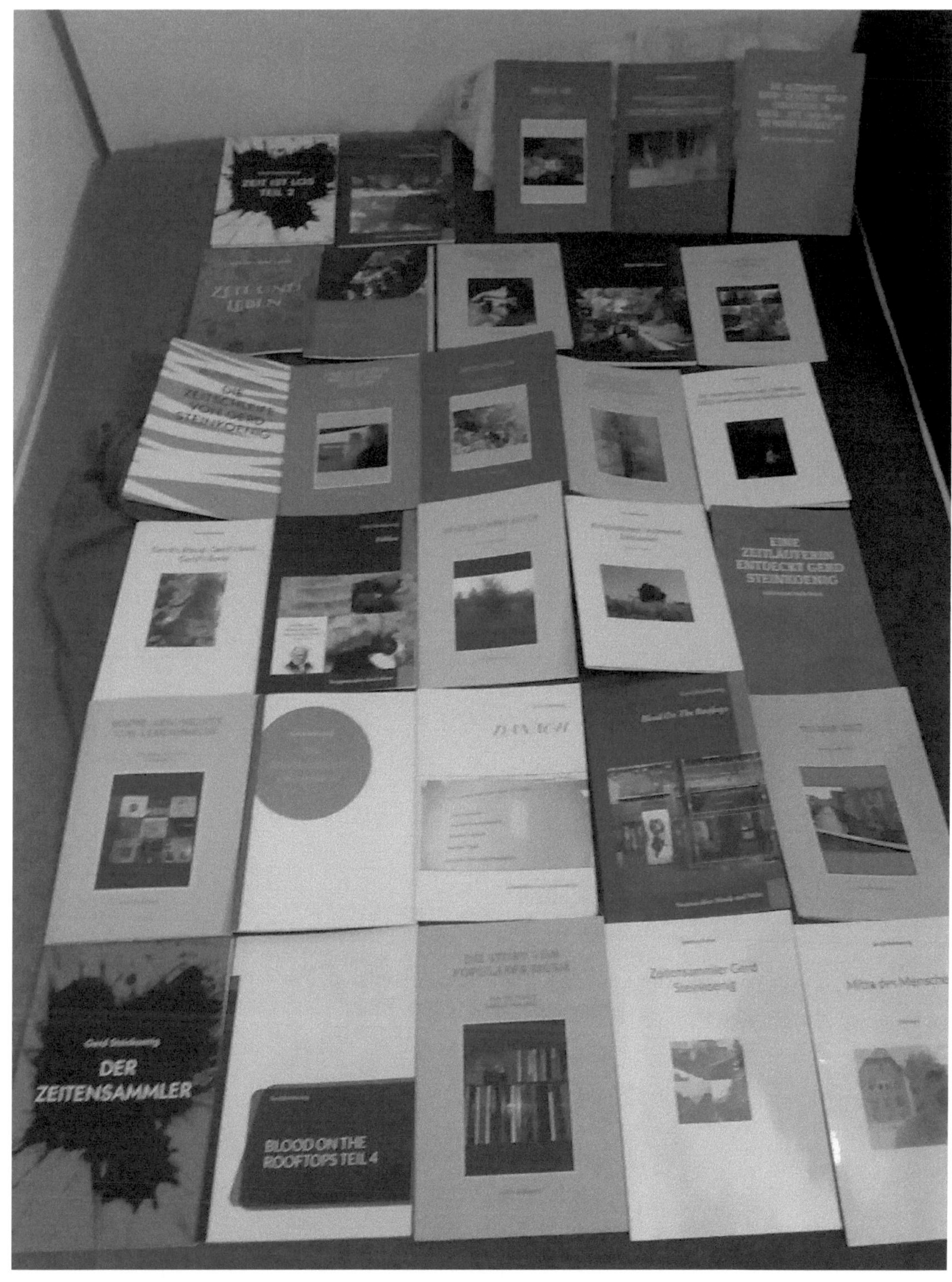

WEITERE Fotos aus den letzten Monaten mit 40 Fotos! Viele weitere Fotos (z.B. Annweiler, Landau) in meinen ISBN-Büchern, facebook, Instagram, You Tube- Videos...

31

LASER
LINDA
RONSTADT
The Document

Michelle Young
Marked For Madness
SONY
CD-R
COMPACT disc Recordable
SUPREMAS
700

Verkehrsverbund Rhein-Neckar
QNV
VRN
Asia-One

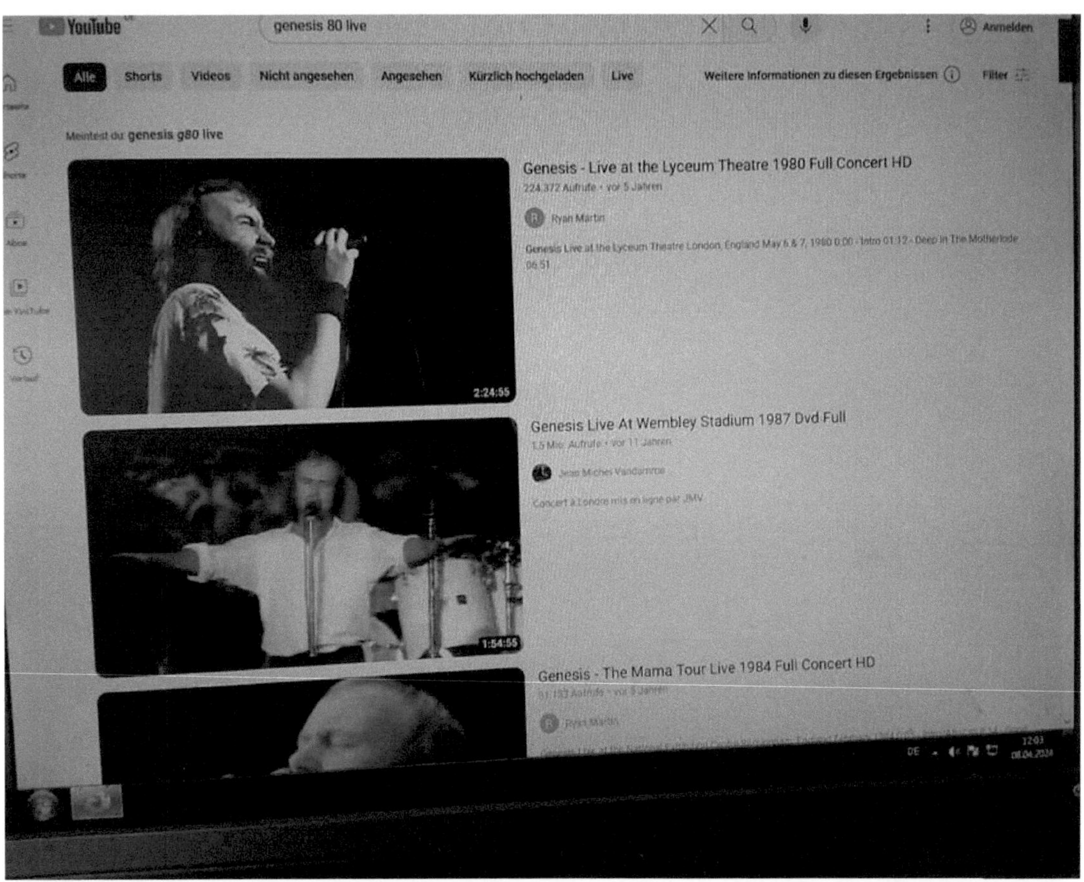

YouTube
genesis 80 live
Anmelden
Alle   Shorts   Videos   Nicht angesehen   Angesehen   Kürzlich hochgeladen   Live
Weitere Informationen zu diesen Ergebnissen
Filter
Meintest du genesis g80 live
Genesis - Live at the Lyceum Theatre 1980 Full Concert HD
224.372 Aufrufe • vor 5 Jahren
Ryan Martin
Genesis Live at the Lyceum Theatre London, England May 6 & 7, 1980 0:00 - Intro 01:12 - Deep in The Motherlode
06:51
2:24:55
Genesis Live At Wembley Stadium 1987 Dvd Full
1,5 Mio. Aufrufe • vor 11 Jahren
Jean Michel Vandamme
Concert à Londre mis en ligne par JMV.
1:54:55
Genesis - The Mama Tour Live 1984 Full Concert HD
Ryan Martin
DE   12:03   08.04.2024

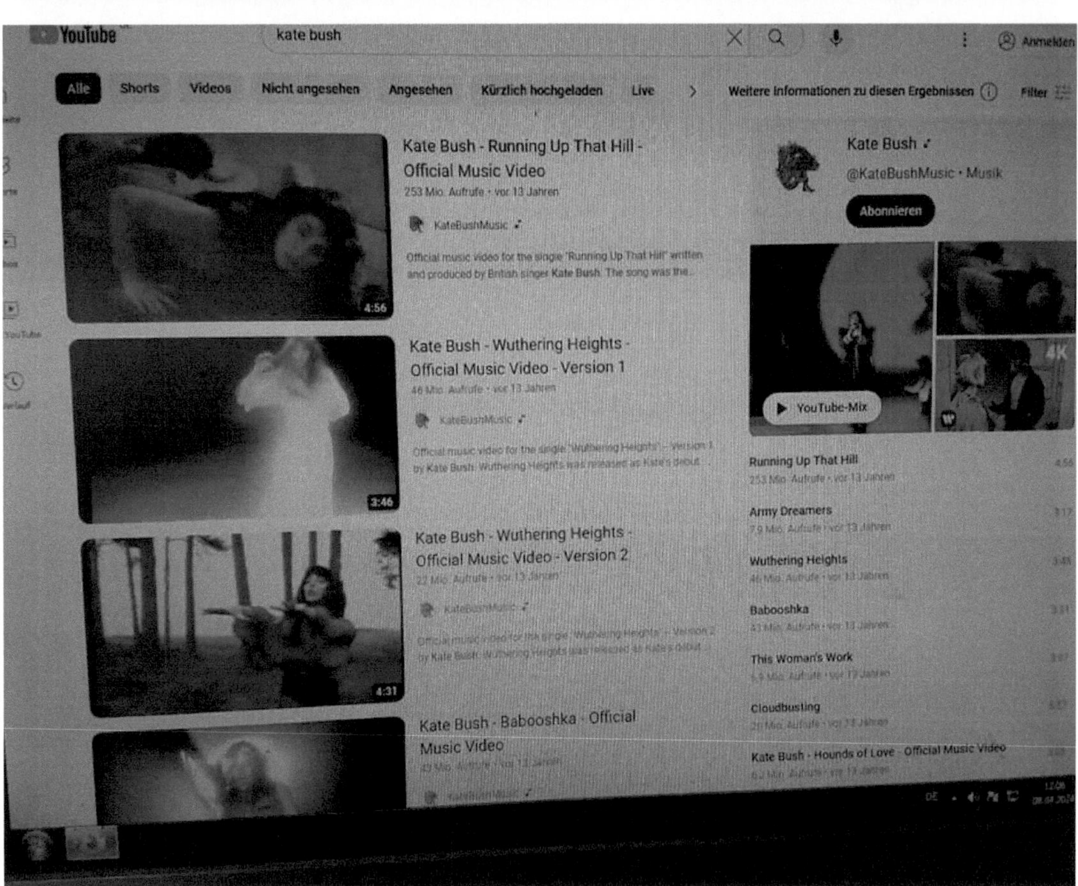

YouTube
kate bush
Anmelden
Alle   Shorts   Videos   Nicht angesehen   Angesehen   Kürzlich hochgeladen   Live
Weitere Informationen zu diesen Ergebnissen
Filter
Kate Bush - Running Up That Hill -
Official Music Video
253 Mio. Aufrufe • vor 13 Jahren
KateBushMusic
Official music video for the single "Running Up That Hill" written
and produced by British singer Kate Bush. The song was the.
4:56
Kate Bush - Wuthering Heights -
Official Music Video - Version 1
46 Mio. Aufrufe • vor 13 Jahren
KateBushMusic
Official music video for the single "Wuthering Heights" - Version 1
by Kate Bush. Wuthering Heights was released as Kate's debut.
3:46
Kate Bush - Wuthering Heights -
Official Music Video - Version 2
22 Mio. Aufrufe • vor 13 Jahren
KateBushMusic
Official music video for the single "Wuthering Heights" - Version 2
by Kate Bush. Wuthering Heights was released as Kate's debut.
4:31
Kate Bush - Babooshka - Official
Music Video
KateBushMusic
Kate Bush
@KateBushMusic • Musik
Abonnieren
YouTube-Mix
4K
Running Up That Hill
253 Mio. Aufrufe • vor 13 Jahren
4:56
Army Dreamers
7,9 Mio. Aufrufe • vor 13 Jahren
3:17
Wuthering Heights
46 Mio. Aufrufe • vor 13 Jahren
3:48
Babooshka
43 Mio. Aufrufe • vor 13 Jahren
3:31
This Woman's Work
1,9 Mio. Aufrufe • vor 13 Jahren
3:37
Cloudbusting
20 Mio. Aufrufe • vor 13 Jahren
Kate Bush - Hounds of Love - Official Music Video
6,2 Mio. Aufrufe • vor 13 Jahren
DE   12:08   08.04.2024

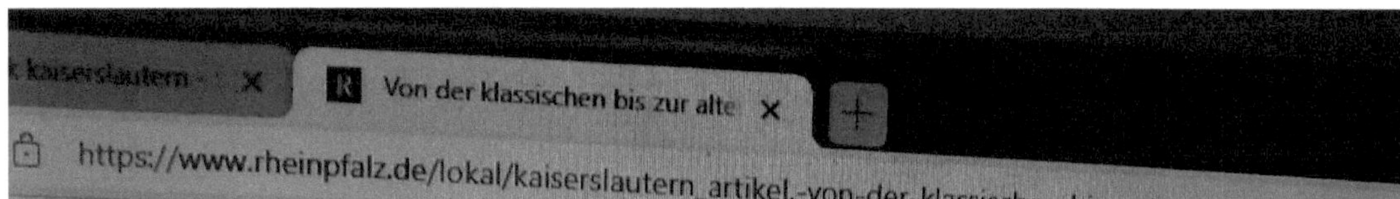

DIE RHEINPFALZ

 *Barbara Scheifele*

23. Juni 2022 - 12:27 Uhr | Lesezeit: 5 Minuten

Von Brahms bis Wagner, Haydn und Mozart mittendrin: Im Musikerviertel geben sich nicht nur die klassischen Komponisten ein Stelldichein. Es ist auch heute noch Treffpunkt für Musiker und Nachtschwärmer. Alternative Kultur ist hier ebenso zu finden wie schöne, alte Gebäude. Aber auch modernes Wohnen.

Er ist im Musikerviertel aufgewachsen, seit 17 Jahren wieder da: Andreas Fillibeck, Autor, Satiriker und RHEINPFALZ-Mitarbeiter seit über 30 Jahren, wohnt nicht nur hier, er kennt auch die Szene sehr gut. „Früher war das Viertel ganz anders", betont er. Früher, das war, als die ersten Kneipen für Studenten in Kaiserslautern eröffneten. Smile - später Wladi Rockstock -, Thing und Pille lauten die Namen, die damaligen Kneipengängern spontan einfallen. In diesem „Idiotendreieck" hätten sich alle getroffen, weiß Fillibeck. Und er erinnert sich noch, dass in der Pille - liebevoll im Ambiente einer alten Apotheke in der Glockenstraße eingerichtet - der Schoppen Bier 1,40 Mark gekostet habe. „Es war aber auch die Zeit der Drogen", will er die Vergangenheit nicht verklären. Auf offener Straße seien den jungen Leuten in den siebziger Jahren harte Drogen angeboten worden, er kenne einige, die deswegen ihr Leben gelassen hätten.

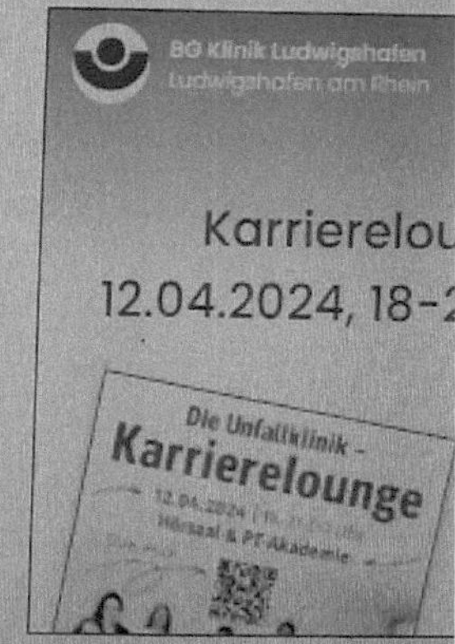

Die alten Kneipen sind verschwunden

Heute gibt es die meisten der alten Kneipen nicht mehr. Einzig das alteingesessene Glocken... fährt ... überlebt - unter neuer Führung und mit kleinem Kulturprogramm.

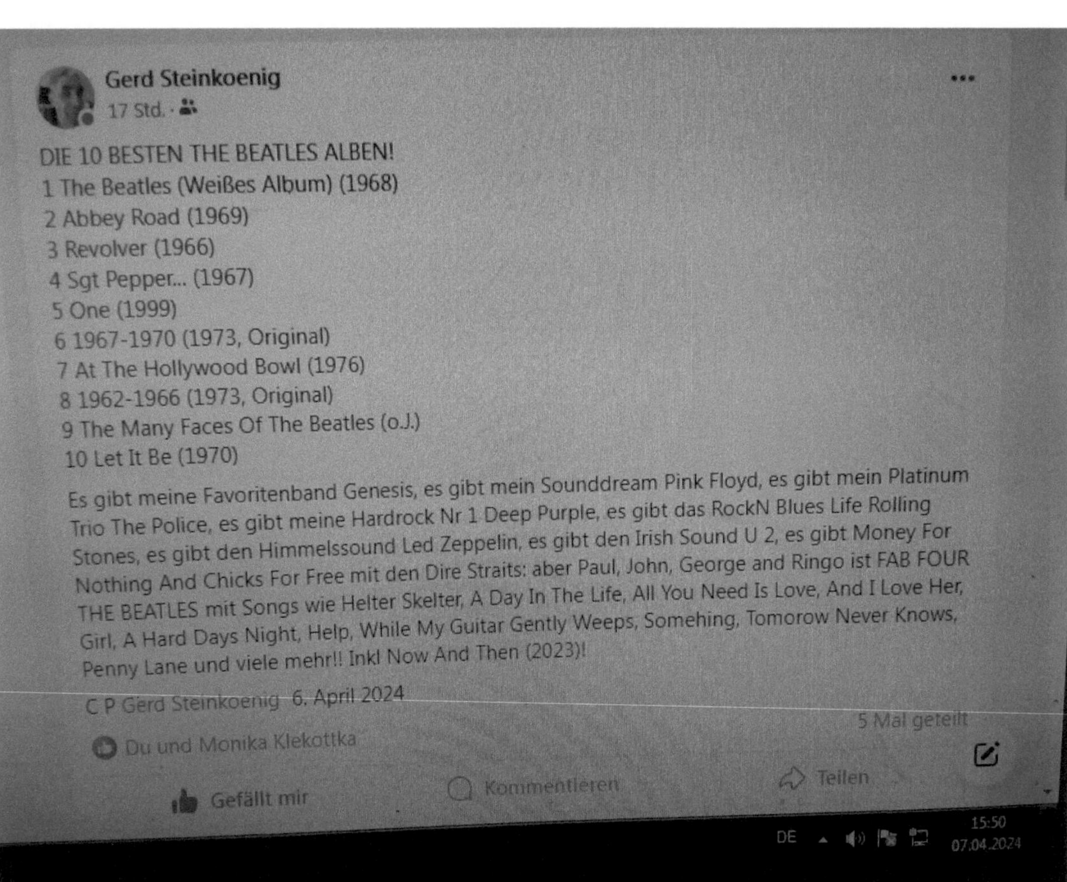

Gerd Steinkoenig
17 Std. ·
DIE 10 BESTEN THE BEATLES ALBEN!
1 The Beatles (Weißes Album) (1968)
2 Abbey Road (1969)
3 Revolver (1966)
4 Sgt Pepper... (1967)
5 One (1999)
6 1967-1970 (1973, Original)
7 At The Hollywood Bowl (1976)
8 1962-1966 (1973, Original)
9 The Many Faces Of The Beatles (o.J.)
10 Let It Be (1970)
Es gibt meine Favoritenband Genesis, es gibt mein Sounddream Pink Floyd, es gibt mein Platinum Trio The Police, es gibt meine Hardrock Nr 1 Deep Purple, es gibt das RockN Blues Life Rolling Stones, es gibt den Himmelssound Led Zeppelin, es gibt den Irish Sound U 2, es gibt Money For Nothing And Chicks For Free mit den Dire Straits: aber Paul, John, George and Ringo ist FAB FOUR THE BEATLES mit Songs wie Helter Skelter, A Day In The Life, All You Need Is Love, And I Love Her, Girl, A Hard Days Night, Help, While My Guitar Gently Weeps, Somehing, Tomorow Never Knows, Penny Lane und viele mehr!! Inkl Now And Then (2023)!
C P Gerd Steinkoenig 6. April 2024
Du und Monika Klekottka
5 Mal geteilt
Gefällt mir
Kommentieren
Teilen
DE
15:50
07.04.2024

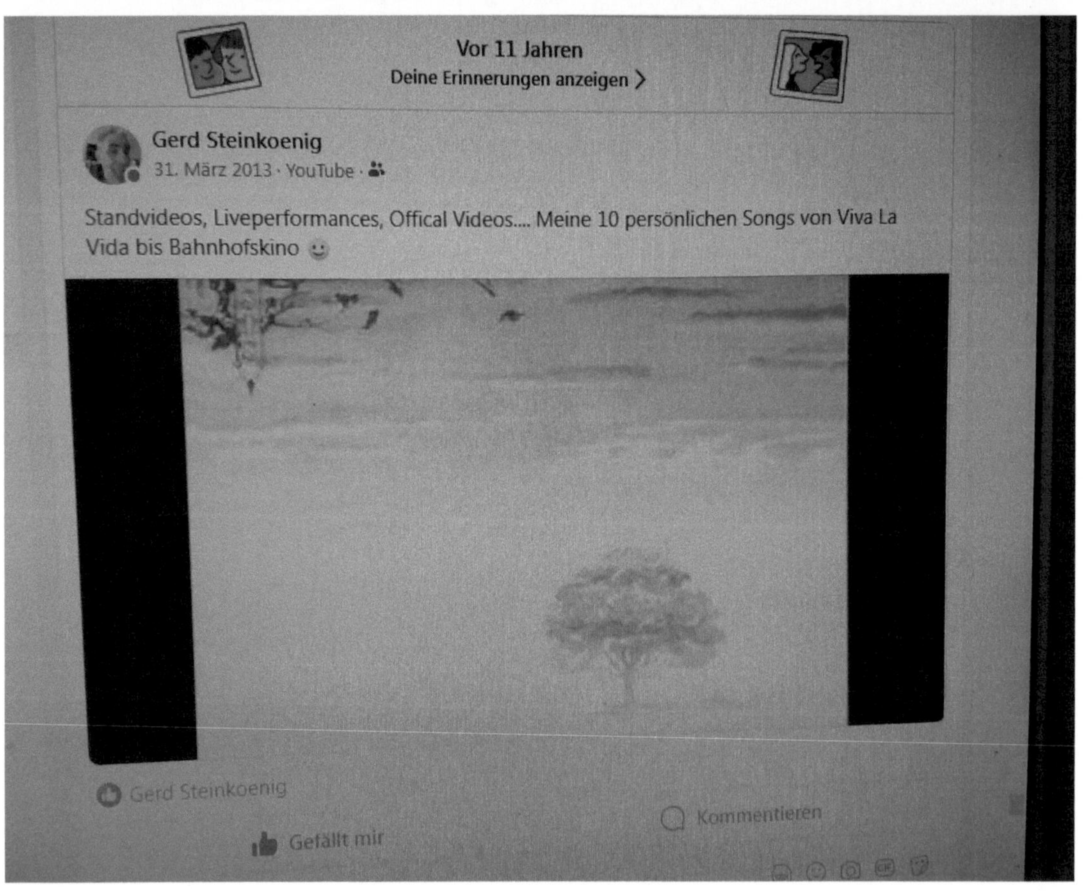

Vor 11 Jahren
Deine Erinnerungen anzeigen
Gerd Steinkoenig
31. März 2013 · YouTube ·
Standvideos, Liveperformances, Offical Videos.... Meine 10 persönlichen Songs von Viva La Vida bis Bahnhofskino
Gerd Steinkoenig
Gefällt mir
Kommentieren

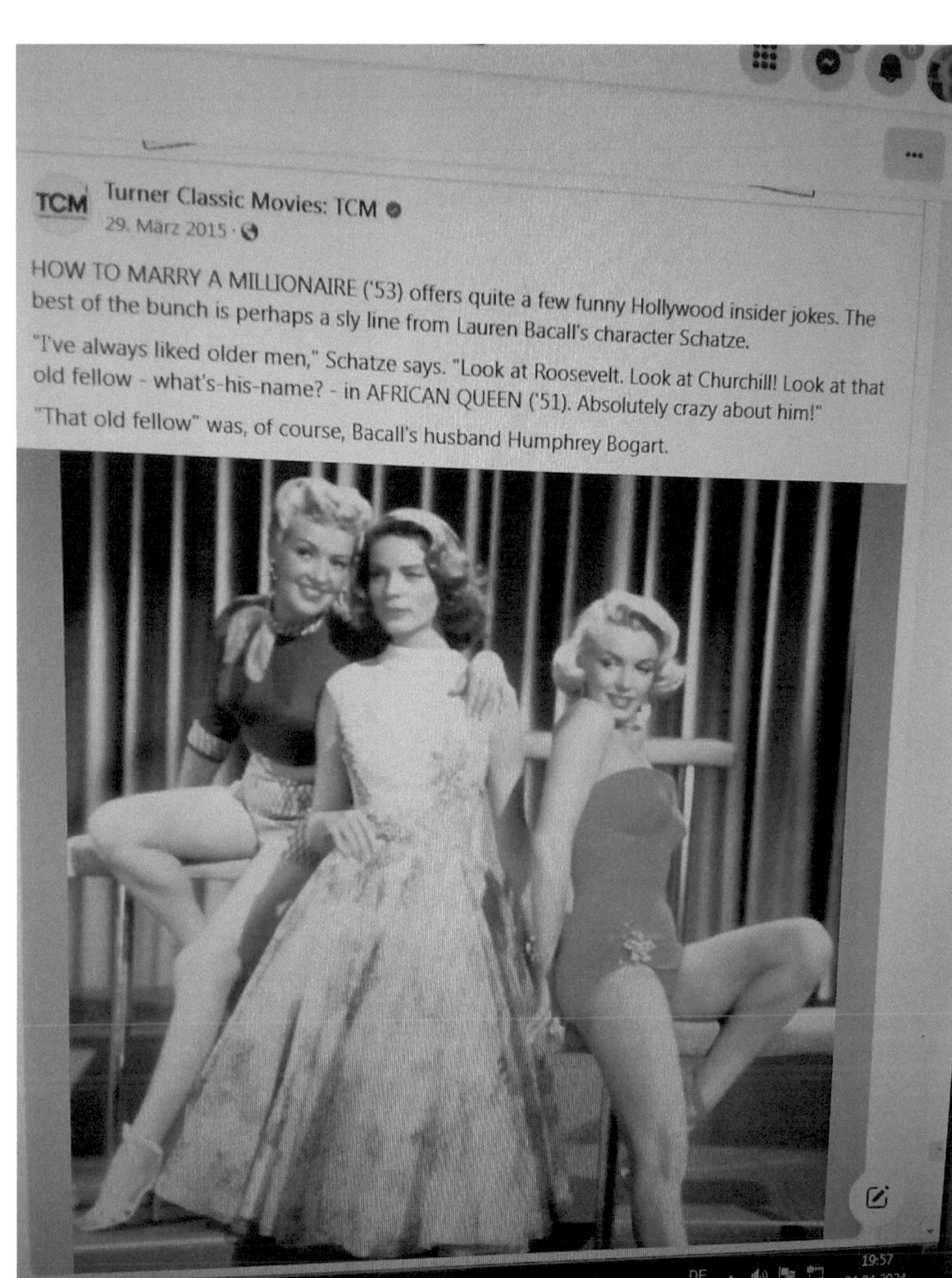

TCM Turner Classic Movies: TCM
29. März 2015

HOW TO MARRY A MILLIONAIRE ('53) offers quite a few funny Hollywood insider jokes. The best of the bunch is perhaps a sly line from Lauren Bacall's character Schatze.

"I've always liked older men," Schatze says. "Look at Roosevelt. Look at Churchill! Look at that old fellow - what's-his-name? - in AFRICAN QUEEN ('51). Absolutely crazy about him!"

"That old fellow" was, of course, Bacall's husband Humphrey Bogart.

DE   19:57   04.04.2024

Mutter-Collage "Kreislauf des Lebens/Lebensdimensionen (30. März 2024)

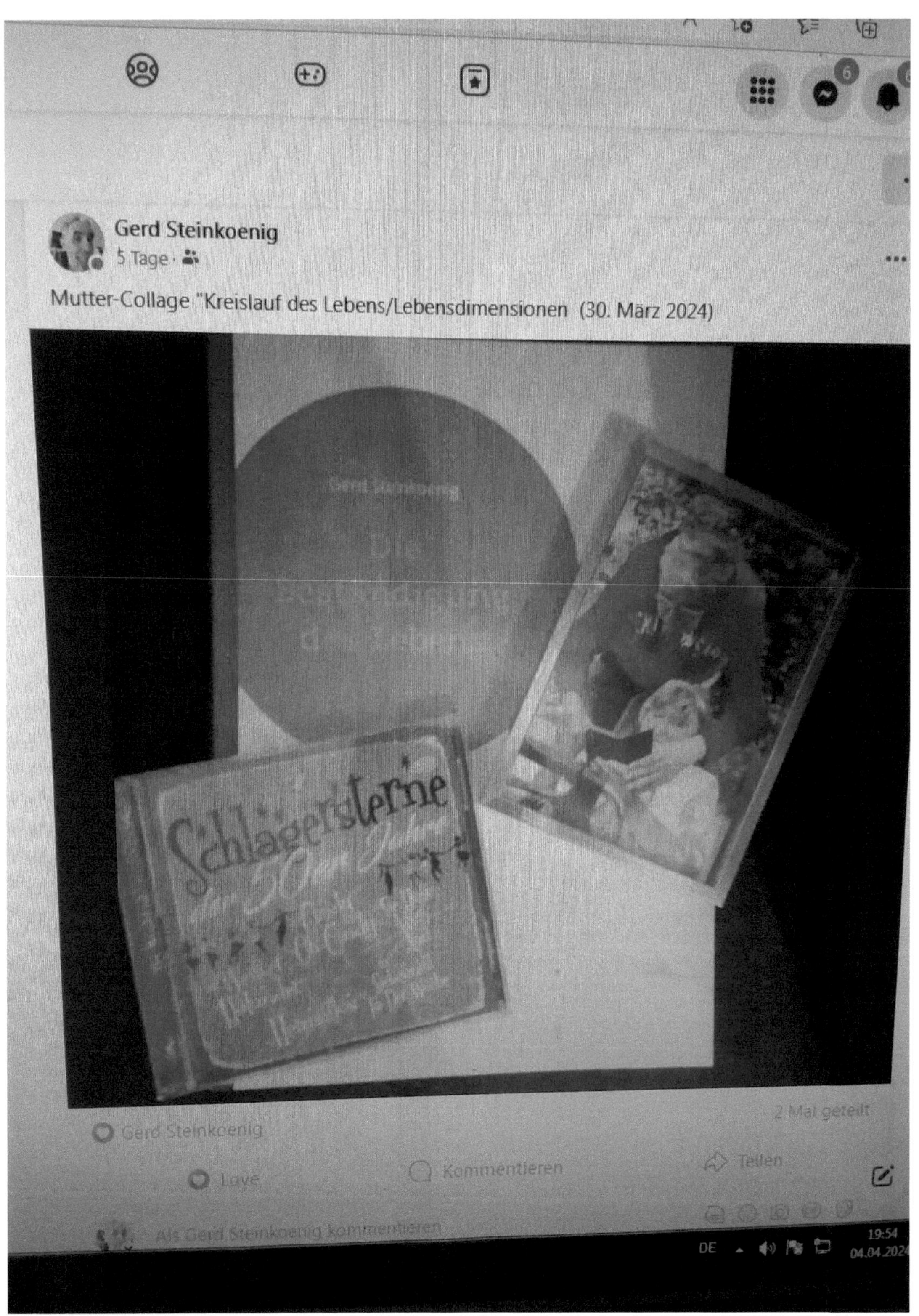

Eines meiner besten Fotos!! Ist in einem ISBN-Buch von mir...

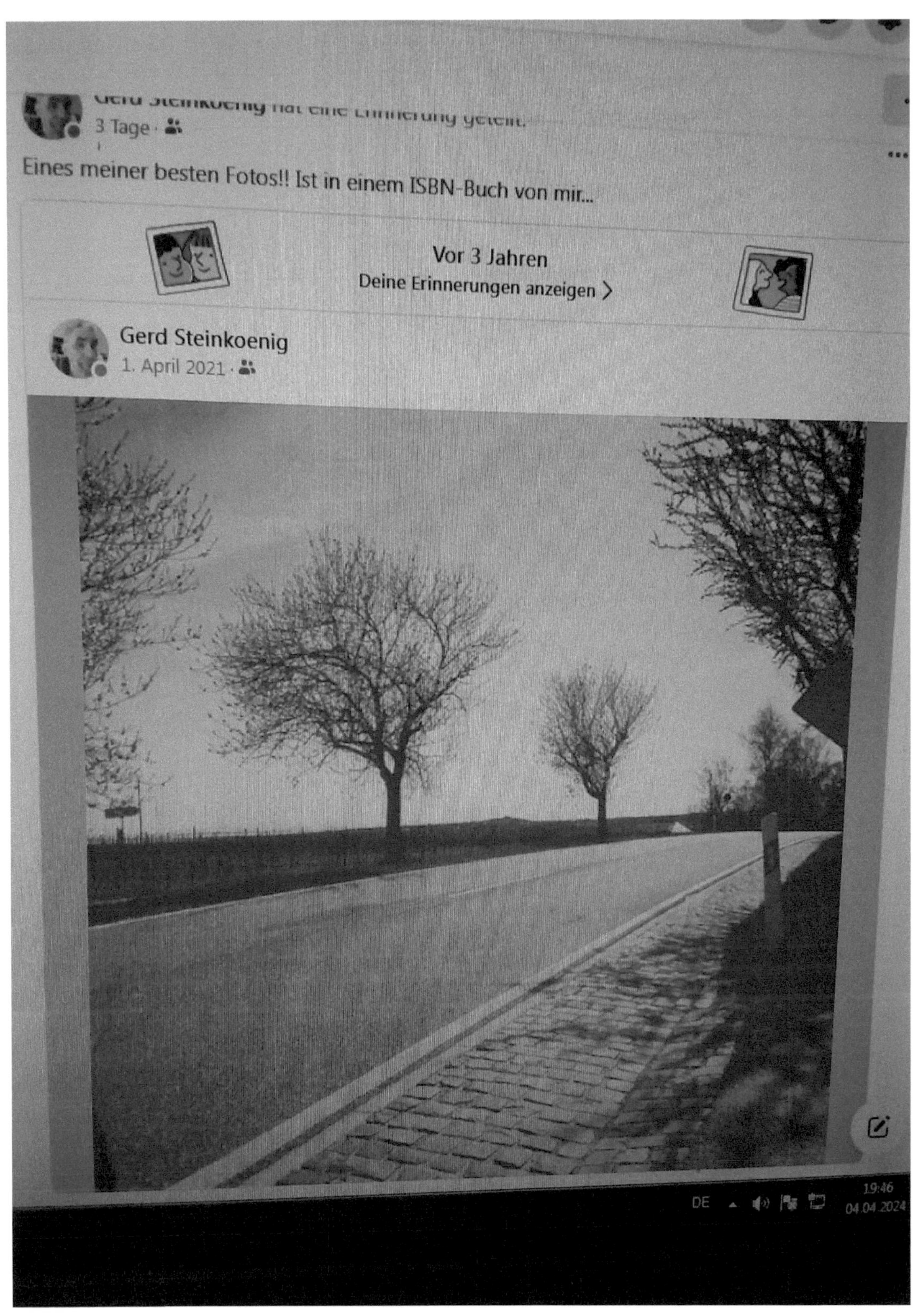

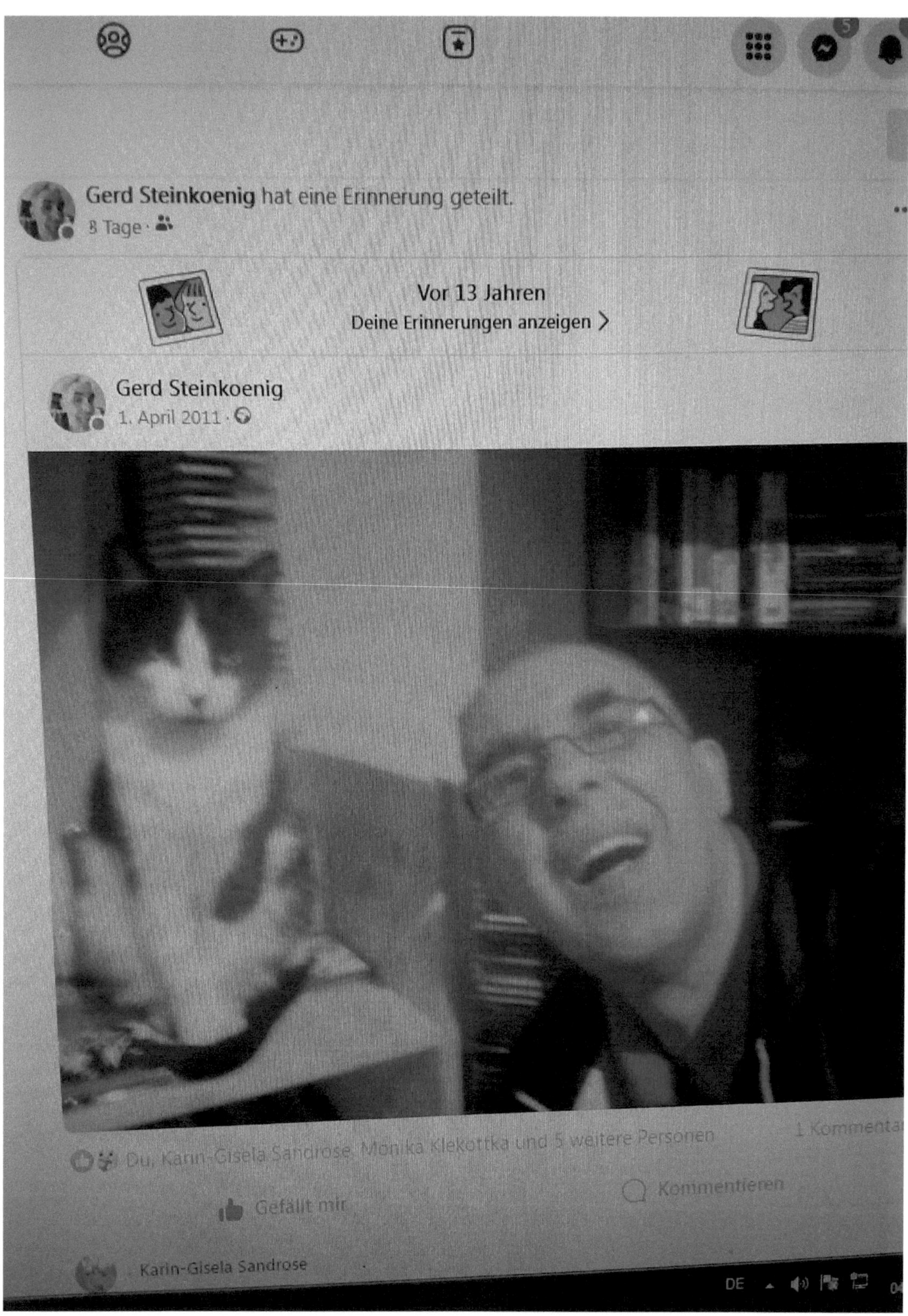

Gerd Steinkoenig hat eine Erinnerung geteilt.
8 Tage ·

Vor 13 Jahren
Deine Erinnerungen anzeigen ›

Gerd Steinkoenig
1. April 2011 ·

Du, Karin-Gisela Sandrose, Monika Klekottka und 5 weitere Personen
1 Kommentar

Gefällt mir
Kommentieren

Karin-Gisela Sandrose

DE

EINSATZSTELLE FÜR
FREIWILLIGENDIENSTE
Diakonie
Pfalz
EVANGELISCHE
FREIWILLIGENDIENSTE
Schule ohne Rassismus
Schule mit Courage

TREND RAIDER
335

Übrigens: das "Idiotendreieck" von 70erKL kannte ich - Andreas F auch... (irgendwo aus den 40 Fotos)

Alle Fotos: der Autor

Herstellung und Verlag: BoD – Books on Demand, Norderstedt
ISBN: 9783759721280